# BEI GRIN MACHT SICH IHR
# WISSEN BEZAHLT

Thomas Bitterlich

# Wissenschaftliches Schreiben. Eine Anleitung

GRIN Verlag

**Bibliografische Information der Deutschen Nationalbibliothek:**

Die Deutsche Bibliothek verzeichnet diese Publikation in der Deutschen National-
bibliografie; detaillierte bibliografische Daten sind im Internet über http://dnb.d-
nb.de/ abrufbar.

**Impressum:**

Copyright © 2014 GRIN Verlag GmbH
Druck und Bindung: Books on Demand GmbH, Norderstedt Germany
ISBN: 978-3-656-73091-0

**Dieses Buch bei GRIN:**

http://www.grin.com/de/e-book/279318/wissenschaftliches-schreiben-eine-anleitung

**GRIN - Your knowledge has value**

Der GRIN Verlag publiziert seit 1998 wissenschaftliche Arbeiten von Studenten, Hochschullehrern und anderen Akademikern als eBook und gedrucktes Buch. Die Verlagswebsite www.grin.com ist die ideale Plattform zur Veröffentlichung von Hausarbeiten, Abschlussarbeiten, wissenschaftlichen Aufsätzen, Dissertationen und Fachbüchern.

*Nach einem Vorlesungsmanu-skript, gehalten im Rahmen der Ringvorlesung „Einführung in das wissenschaftliche Arbeiten in der Grundschulpädagogik und Grund-schuldidaktik" am 28.11.2013*

# Wissenschaftliches Schreiben

Thomas Bitterlich

ERZIEHUNGSWISSENSCHAFTLICHE FAKULTÄT DER UNIVERSITÄT LEIPZIG/
INSTITUT FÜR GRUNDSCHULPÄDAGOGIK/GRUNDSCHULDIDAKTIK DEUTSCH
Korrektur: Corina Albert

# Inhalt

Bevor ich über „wissenschaftliches Schreiben" reden werde, will ich Ihnen von drei Pferden erzählen, die sich auf einem Internationalen Reitturnier treffen: ein deutsches, ein englisches und ein französisches. Sagt das französische Pferd: „Also bei uns ist das ja ganz merkwürdig. Die Leute schreiben ‚bonjour' aber sagen ‚bonjur'". Erwidert das englische: „Und bei uns erst. Die schreiben ‚school' sagen aber ‚skul'" Sagt das deutsche Pferd: „Das ist doch gar nichts. Sei uns schreibt man ‚wie bitte?' und sagt ‚häää?'"

Das denken also Pferde über die Unterschiede zwischen gesprochener und geschriebener Sprache.

## Grundsätzliches zur Schrift

Auch in verschiedenen Wissenschaften wird grundlegend darüber nachgedacht und die Frage gestellt: Was ist Schrift?

Ich möchte diese Frage mit dem Bezug zu jenem Diskurs beantworten, der Schrift und Schreiben aus medienwissenschaftlicher Perspektive unter dem Begriff „Kulturtechnik" verhandelt. Zu den Vertretern gehören Sybille Krämer, Martin Fischer, Gernot Grube und Werner Kogge.[1] Ihr Ziel war es Ende der 1990er, die Betrachtung von Schrift für neue Sichtweisen zu öffnen. Der von ihnen entwickelte und verfochtene Schriftbegriff stand und steht im Zeichen der sich verbreitenden Computertechnologie.[2] Uns ist es vielleicht gar nicht mehr bewusst: Jeder Darstellung auf einem Bildschirm liegt eine Programmschrift zugrunde, die elektronische Informationen zu einem visuellen oder audiblen Signal verarbeitet. Vor dem Hintergrund dieser Erfahrung hat der Schriftbegriff zusätzlich zum Ziel, Phänomene wie das schriftliche Rechnen und

---

[1] BREDEKAMP, HORST/KRÄMER, SYBILLE: Kultur, Technik, Kulturtechnik. Wider die Diskursivierung der Kultur. In: DIES.: Bild, Schrift, Zahl. München: Wilhelm Fink, 2003; FISCHER, MARTIN: Schrift als Notation. In: KOCH, PETER/KRÄMER, SYBILLE (Hg.): Schrift, Medien, Kognition. über die Exteriorität des Geistes. Tübingen: Stauffenburg, 1997; GRUBE, GERNOT/KOGGE, WERNER: Was ist Schrift? In: GRUBE, GERNOT/KOGGE, WERNER/KRÄMER, SYBILLE (Hg.): Schrift. Kulturtechnik zwischen Augen, Hand und Maschine. München: Fink, 2005; KRÄMER, SYBILLE: Sprache und Schrift oder: Ist Schrift verschriftete Sprache? In: Zeitschrift für Sprachwissenschaft, Organ der Deutschen Gesellschaft für Sprachwissenschaft. 15 (1/1996), S. 92–112.

[2] BREDEKAMP/KRÄMER 2003, S. 15 f.; FISCHER 1997, S. 84 f.

vernachlässigte Aspekte wie die Bildlichkeit von Schrift[3] zu erfassen. Dieser theoretische Ansatz, deswegen führe ich ihn an, stellt das Abhängigkeitsverhältnis von Schrift und mündlicher Sprache in Frage. Mündliche Sprache werde durch Schrift weder festgehalten, noch gespeichert. Ein Sprichwort bringt es auf den Punkt: „Eine Rede ist keine Schreibe." Wenn Schrift also keine mündliche Sprache ist, was ist sie dann? Sie ist – Sybille Krämer[4] und Martin Fischer[5] zufolge – ein eigenständiges Symbolsystem, eine eigene Sprache. Diese Auffassung findet sich, wenngleich weniger zugespitzt, im deutschdidaktischen Diskurs über die Lesesozialisation. Da lesen Sie in einem von Christine Garbe und anderen herausgegebenen Standardwerk mit dem Titel „Texte lesen" Folgendes: Es sei die Aufgabe der Familie in den ersten Lebensjahren, ich zitiere: „… die Kinder neben dem Erwerb der mündlichen Sprachkompetenz in die Welt der Schriftlichkeit bzw. der Bücher einzuführen."[6] Sprechen und Schreiben sind aus Sicht der Deutschdidaktik zumindest in diesem Text getrennte Welten und die Beherrschung der Schriftsprache – man spricht und schreibt vom Schriftspracherwerb – eine zusätzliche Kompetenz, die zunächst in der Familie, dann in der Schule vermittelt werden muss.

Ich bleibe in diesem Buch, um die Eigenart von Schrift noch genauer zu bestimmen. Als eigenständiges Symbolsystem verwendet Schrift eigene Zeichen – z. B. Buchstaben und keine Laute – und ebenso eigene Regeln der Zeichenverknüpfung. Daraus resultiert eine spezifische Weltsicht, ein Konzept, mit dem die Welt durch Schrift versprachlicht wird. Schriftlichkeit gilt als „Sprache der Distanz" im Unterschied zur mündlichen „Sprache der Nähe".[7] Schrift distanziert, weil sie eine situationsunabhängige Kommunikation ermöglicht. Sie schreiben in Leipzig etwas und etwa einen Monat später wird es in Halle gelesen. Diese Kommunikation ignoriert räumliche und zeitliche Distanzen. Daraus

---

[3]  BREDEKAMP/KRÄMER 2003, S. 12.
[4]  KRÄMER 1996, S. 99–101.
[5]  FISCHER 1997, S. 86.
[6]  GARBE, CHRISTINE/HOLLE, KARL/JESCH, TATJANA (Hg.): *Texte lesen: Textverstehen, Lesedidaktik, Lesesozialisation*. Paderborn: Ferdinand Schönigh (2)2010 (=UTB 3110) , S. 181. Zum Unterschied zwischen Mündlichkeit und Schriftlichkeit aus ethnographischer Sicht: GOODY, JACK/WATT, IAN: Konsequenzen der Literalität. In: GOODY, JACK/WATT, IAN/GOUGH, KATHLEEN: Entstehung und Folgen der Schriftkultur. HERBORTH, FRIEDHELM (Übers.). Frankfurt/Main: Suhrkamp, 1986.
[7]  GARBE, CHRISTINE u.a. 2010, S. 180.

resultiert, dass Sie sich in der Schriftsprache elaborierter ausdrücken können. Sie haben mehr Zeit für gute Formulierungen, können nachschlagen, um treffende Wörter zu finden, und die Wirkung von Textpassagen an Freunden testen. Die umfangreichere Bearbeitungszeit wirkt sich meistens auf die Strukturierung des Textes aus. Die Wörter und Sätze eines Schrifttextes sollten enger miteinander verknüpft und aufeinander bezogen sein als bei einem mündlichen Gespräch, in dem Halbsätze und Sprünge in der Argumentation selbstverständlich sind. Das erhöht gleichzeitig den Anspruch an die Qualität schriftlicher Äußerungen. Mehr noch als bei einem Gespräch gilt: „Erst nachdenken, dann schreiben." Die Unabhängigkeit von einer konkreten Situation, einer unmittelbaren Konfrontation mit einem Gegenüber, hat zur Folge, dass Sie diese Sprache sorgfältiger gebrauchen müssen. Einmal geschrieben, lässt sich ein Satz nach seiner Publikation nur noch schwer korrigieren. Sie haben außerdem nur einen begrenzten Einfluss auf Ihren Adressatenkreis oder den Ort und die Zeit, in dem/der Ihr Schriftstück gelesen wird. Auch hier an der Uni können sie sich nicht sicher sein, dass der für die Lehrveranstaltung Verantwortliche Ihre Arbeit oder Ihre Klausur liest. Ein Unbeteiligter, vielleicht auch ein Fachfremder muss im Krankheits- oder Vertretungsfall in der Lage sein, Ihren Text zu verstehen. Für wissenschaftliche Texte bestehen zudem weitere Anforderungen. Zum einen ist es notwendig z. B. über Literaturverweise die Herkunft des Wissens explizit zu machen. Zum anderen müssen Sie zeigen, wie Ihre Ergebnisse zustande gekommen sind. Es handelt sich um eine Inszenierung des Wissens, so dass es nachvollzogen und überprüft werden kann. Für manche Philosophen ist das ein Skandal: „Die Wahrheit braucht keine Krücken". Die Philosophie und auch die Theologie, beschäftigen sich allerdings mit absoluten Wahrheiten. Relative Wahrheiten sind dagegen das alltägliche Geschäft der Einzelwissenschaften und dazu gehört, diese Wahrheiten allgemeinverständlich und übersichtlich strukturiert zu präsentieren, damit sie überprüft werden können.

Als Konzepte sind beide Sprachen von konkreten Materialien losgelöst.[8] Die Rede braucht keine Stimme, die Schrift kein Papier: Der Computer schreibt mit Elektrizität. Mündliche Texte können mittels Buchstaben vermittelt werden,

---

[8] Ebd., S. 180.

4

wenn z. B. ein Interview transkribiert wird. Andersherum werden Sie immer merken, wenn jemand frei spricht oder, wie ich, einen Text in einer Vorlesung mehr oder weniger abliest. Schrift, das ist noch einmal zu betonen, ist eine eigene Sprache, eine eigene Art und Weise, die Welt zu betrachten und abzubilden. Aus diesem Grund sperrt sie sich gegen den mündlichen Vortrag. Wenn Sie also etwas schreiben, dann liegt dieser Tätigkeit ein Übersetzungsvorgang zugrunde. Das betrifft **zum einen** ihre Forschungen. Sie haben Forschungsliteratur gelesen, mit dem Dozenten gesprochen, eine Tagung zu ihrem Thema besucht und vielleicht eine Fernsehsendung gesehen. Das so aus verschiedenen Quellen stammende Wissen, welches meistens auch aus unterschiedlichen Phasen Ihrer wissenschaftlichen Arbeit und Ihres Lebens stammt, muss nun auf eine gemeinsame Ebene und in ein logisches Nacheinander gebracht werden; So, dass es für einen Leser verständlich ist. **Zum anderen** ist die sprachliche Formulierung der Aussagen betroffen. Wie bei einer Übersetzung ist darüber nachzudenken, wie sich Herkunfts- und Zielsprache syntaktisch und semantisch unterscheiden. In der wissenschaftlichen Schriftsprache beanspruchen andere Konventionen Gültigkeit als in der Alltags(schrift)sprache. Wie wird z. B. ein bestimmter Sachverhalt, eine Vorstellung am besten durch ein Wort oder eine Wortgruppe in die Schriftsprache übersetzt?

# Sprache wissenschaftlicher Texte

Davon ausgehend möchte ich nun die Frage stellen: Wie sollte die Sprache eines wissenschaftlichen Textes gestaltet sein? Damit verlasse ich die Vorüberlegungen und komme nun zu den Anforderungen an wissenschaftliche Texte.

Ich hatte darauf verwiesen, dass Reden und Schreiben zwei eigenständige Symbolsysteme resp. Sprachen sind. Aber nicht jedes Schriftstück ist ein wissenschaftlicher Text. Mündlichkeit und Schriftlichkeit sind als Sprachkonzepte zusätzlich bestimmt durch das, auf was sie sich beziehen. Es gibt also mehrere Schriftsprachen und Verbalsprachen. Das Gegenteil jeglicher Wissenschaftssprache ist die Alltagsschriftsprache[9], wie sie heute in E-Mails, SMS oder auf Notizzetteln verwendet wird. Die Wissenschaftsschriftsprache ist durch Stilprinzipien – durch konventionalisierte Sprachverwendungen gekennzeichnet, die im Alltag unpersönlich, künstlich, umständlich wirken. Die Alltagsschriftsprache ist sozusagen näher am Leben dran, weil sie selbstverständlicher, d. h. auch unbewusster gebraucht wird. Sie setzt in höherem Maße Vorwissen voraus, weil Schreibende und Adressaten sich persönlich kennen. Aussagen müssen nicht nachgewiesen werden, weil sie bereits mehrfach ausgetauscht worden sind. Anspielungen und sprachliche Verkürzungen werden verwendet, wohlwissend, dass sie mit Leichtigkeit verstanden werden können. Und man schreibt im Alltag ohne Punkt und Komma, wie die Feder gewachsen ist und oft unter Missachtung der Regeln für Rechtschreibung und Grammatik. Um diesen Vergleich zwischen der Schriftsprache des Alltags und der Wissenschaft zusammenzufassen: Alltagstexte stehen nur selten für sich allein, sondern in einem lebensweltlichen Zusammenhang. Sie werden von der Konzeption Mündlichkeit geprägt. Die Schriftsprache wissenschaftlicher Texte hat sich davon gelöst. Sie simuliert keine Nähe, sondern bekennt sich zur Distanz. Die Voraussetzungen und Bedingungen unter denen wissenschaftliche Texte entstanden sind und entstehen, sollen mitgeliefert werden. Stilistisch betrachtet, sind die alltäglichen Sprachen stillos. Jeder Versuch, die Alltagssprache zu kontrollieren, heißt er nun Journalistik, Literatur oder Wissenschaft, führt zu einer

---

[9] Zur Differenz von Alltags- und Wissenschaftssprache: GRUBER, HELMUT u.a.: Wissenschaftliches Schreiben. Ein Praxisbuch für Studierende. Wien u.a.: Böhlau, 2009, S. 66–87.

stilisierten Sprache resp. zu einem Sprachstil. Wenn Sie sich an die Leitfrage dieses Themenkomplexes erinnern, da hatte ich nach den sprachlichen Gestaltungsprinzipien wissenschaftlicher Texte gefragt. Es müsste nun genauer heißen: „Was ist ein guter wissenschaftlicher Stil?"

Natürlich lässt sich die Frage nicht pauschal beantworten. Ob ein Stil gut oder schlecht ist, das ist eine Frage der Rhetorik, die nur relative Wahrheiten kennt. Was gut ist, d.h. angemessen (Stichwort „aptum" oder „decorum") und treffend ist, wird auch durch die Adressaten oder den Gegenstand bestimmt. Trotzdem lässt sich grundsätzlich etwas zur sprachlichen Qualität, zum guten Stil wissenschaftlicher Texte sagen. Die Prinzipien haben keine absolute Gültigkeit, treffen aber in der überwiegenden Anzahl der Fälle zu.

Im Folgenden stütze ich mich auf Helga Esselborn-Krumbiegels Buch „Richtig wissenschaftlich schreiben"[10], welches bei UTB erschienen ist. Um einen besseren Überblick zu schaffen, verbleibe ich auch in der Rhetorik. In diesem Diskurs wurde über Jahrhunderte hinweg reflektiert, welche Qualitäten ein Stil haben sollte.[11]

## Gutes Deutsch schreiben

Eine Stilqualität wird in Betrachtungen der römischen Rhetorik mit Latinität bezeichnet. Wer gute wissenschaftliche Texte schreiben will, muss – so würde ich es in unseren Kontext übertragen – die grammatischen und orthographischen Regeln der deutschen Sprache kennen und anwenden können. Selbst im Bereich Deutsch erhalten wir von Studierenden immer wieder Mails und Masterarbeiten, die in Unkenntnis amtlicher Regeln der deutschen Rechtschreibung verfasst wurden. Frau Esselborn-Krumbiegel führt einige der häufigsten Fehler mit Beispielen an, die ich hier nur in Auszügen präsentiere. Oft würden Satztei-

---

[10] ESSELBORN-KRUMBIEGEL, HELGA: Richtig wissenschaftlich schreiben. Wissenschaftssprache in Regeln und Übungen. Paderborn: Ferdinand Schöningh, 2010. Eine grobe Orientierung bieten: ROOS, MARKUS/LEUTWYLER, BRUNO: Wissenschaftliches Arbeiten im Lehramtsstudium. Recherchieren, schreiben, forschen. Bern: Huber, 2011, S. 125 ff.
[11] FUHRMANN, MANFRED: Die antike Rhetorik. Eine Einführung. Zürich: Artemis & Winkler, (4)1995, S. 114 ff.; GÖTTERT, KARL-HEINZ/JUNGEN OLIVER: Einführung in die Stilistik. München: Wilhelm Fink, 2004, S. 125; UEDING, GERT/STEINBRINK, BERND: Grundriß der Rhetorik. Geschichte – Technik – Methode. Stuttgart, Weimar: Verlag J. B. Metzler, 1994, S. 215 ff.

le grammatikalisch nicht übereinstimmen. So werden manchmal Substantive und Verben einander nicht angepasst.[12]

Z. B. *Ich und er gingen (nicht: ging) zum Schiff.*

Ebenso würden nachträgliche Erläuterungen, wenn sie mit einem Artikel eingeleitet sind, nicht durchdekliniert.[13]

Z. B. *Die Verdienste des Virologen, eines (nicht: ein Pionier) Pioniers der Forschung, sind von unschätzbarem Wert.*

Aber auch die Zeichensetzung fällt Wissenschaftlern und Studierenden schwer. Die allgemein übliche, fehlerhafte Verwendung des Apostrophs dürfte Ihnen durch Sebastian Sick oder diverse Feuilletonartikel bekannt sein. Nehmen Sie sich den neuesten Duden zur Hand und beschäftigen sie sich wieder einmal mit den Regeln der deutschen Sprache, z. B. auch über den monatlichen Newsletter der Dudenreaktion[14], der jedes Mal ein Rechtschreibproblem aufgreift, aber auch Interessantes zur Herkunft von Wörtern und Sprichwörtern enthält. Der Duden gibt den Standard vor, an dem Sie sich orientieren sollten, wenn Sie ein gutes Deutsch und gute wissenschaftliche Texte schreiben wollen. In wenigen Fällen kann es vorkommen, dass andere Bezugsrahmen herangezogen werden, die dann als Maßstab für schriftsprachliche Qualität gelten. Sehr selten ist das die Allgemeinheit. Wie die Masse der Menschen schreiben Wissenschaftler nur, wenn es sich nicht vermeiden lässt. Das ist der Fall, wenn in öffentlichen Diskussionen ein Mode- oder Unwort, z. B. „Sparpaket" gebraucht wird. Dann wird ein Politikwissenschaftler oder ein Zeithistoriker der Verwendung nicht ausweichen können. Ein Wort neu zu erfinden, nur damit es wissenschaftlich klingt, ist stilistisch gesehen die noch schlechtere Lösung. Neben der Allgemeinheit kann häufiger der wissenschaftliche Diskurs eine Autorität darstellen, die einen Standard für gutes Wissenschaftsdeutsch vorgibt.[15] Dabei kann es auch zu einem Konflikt mit der Dudennorm kommen. Vor einigen Jahren wurde in den Kulturwissenschaften der Bindestrich exzessiv verwendet, um zusammenge-

---

[12] Ebd., S. 68.
[13] Ebd., S. 70.
[14] URL: http://www.duden.de/newsletter [Stand: 15.08.14]
[15] GRUBER 2009, S. 64.

setzte Substantive optisch zu trennen. Damit sollte der Lesefluss gestoppt und Bedeutungen hervorgehoben werden, die im alltäglichen Sprachgebrauch eine untergeordnete Rolle spielen. Zum Beispiel macht im Wort „Ent-täuschung" der Bindestrich deutlich, dass jeder Enttäuschung eine Täuschung zugrunde liegt. Falsche und fehlerhafte Vorstellungen sind an der Nichterfüllung unserer Erwartungen beteiligt. Aus den Opfern, den Enttäuschten, wurden so zum Teil Täter, die Selbsttäuscher. Dieser Perspektivwechsel hat zum Ziel, aus dieser Erkenntnis eine Lösungsstrategie abzuleiten. Enttäuscht zu werden, kann niemand verhindern, wohl aber dazu beitragen, sich weniger oft täuschen zu lassen. Und jede „Ent-täuschung" ist damit nicht mehr nur Leid, das zugefügt wurde, sondern eine Chance, sich selbst besser kennenzulernen.

Ich fasse diesen Themenkomplex zusammen: Ein guter wissenschaftlicher Stil zeichnet sich dadurch aus, das der Text in einem guten Deutsch geschrieben wurde. Was gutes Deutsch ist, bestimmt in der Regel der Duden, in einigen Fällen der aktuelle wissenschaftliche Diskurs und in Ausnahmen die Allgemeinheit.

## Sich klar ausdrücken

Die zweite Stilqualität, die die sprachliche Gestaltung wissenschaftlicher Texte auszeichnet, ist die „Klarheit". Die korrekte Verwendung der deutschen Sprache garantiert keine verständlichen Sätze oder eine leichte Lektüre. Auch literarische Texte werden unter Einhaltung orthographischer und grammatikalischer Regeln verfasst und trotzdem werden sie als mehrdeutig oder interpretationsoffen beschrieben. Es gibt also weitere Regeln zu beachten, wenn Sie verstanden und als WissenschaftlerIn anerkannt werden wollen. „Klarheit" lässt sich in wissenschaftlichen Texten mit fünf Begriffen näher beschreiben. Bei dieser Unterteilung weiche ich von der traditionellen Rhetorik ab. Die Begriffe sind: „Ordnung", „Verknüpfung", „Übersichtlichkeit", „Kontrolle" und „Präzision".

## Ordnung

Darunter fasse ich hier die Anordnung der Aussagen.[16] Die zentralen Behauptungen, das Wichtigste, sollte im Hauptsatz und wenn möglich am Beginn eines Absatzes stehen. So kann sich der Leser am schnellsten einen Überblick verschaffen. In Nebensätze werden dann alle erläuternden, differenzierenden und begründenden Aussagen geschoben. Es besteht somit keine Gefahr, dass die grammatische Hierarchie mit der logischen kollidiert.

## Verknüpfung

Als zweiten Aspekt der Klarheit habe ich die „Verknüpfung" genannt.[17] Es gibt **thematische** und **logische** Verknüpfungen. **Einerseits** können und sollen Aussagen thematisch miteinander verbunden werden. Nacheinander folgende Sätze sollten sich so aufeinander beziehen, dass das anfangs begonnene Thema weitergeführt wird. Es ist mit einer Kette vergleichbar. Ein Kettenglied greift in das Nächste, welches das Vorhergehende aufgreift und ans Übernächste anknüpft.

*Z. B.: Eisbären leben am Nordpol. Ihr Lebensraum wird von Eis und Schnee dominiert. Diesem Wetter sind sie durch ihr Fell und dicke Fettschichten gut angepasst.*

Die Kette ließe sich mit den Stichworten „Nordpol", „Lebensraum", „Eis und Schnee" sowie „Wetter" beschreiben. Möglich ist auch, einem Running Gag vergleichbar, ein Thema durch alle Sätze eines Abschnitts laufen zu lassen. Mein Beispiel müsste dann so klingen:

*Eisbären leben am Nordpol. Diese Säugetiere leben in Eis und Schnee. Ihrem kargen und unwirtlichen Lebensraum sind die Eisbären durch ihr dickes Fell und Fettschichten gut angepasst.*

Indem Sie Aussagen themenbezogen verknüpfen, können Sie also zur Klarheit des Textes beitragen. Auch durch eine kontinuierliche und gleichbleibende Begriffsverwendung erhöht sich die Verständlichkeit eines Textes. Das kollidiert

---

[16] ESSELBORN-KRUMBIEGEL 2010, S. 45; KORNMEIER, MARTIN: Wissenschaftlich schreiben leicht gemacht. Für Bachelor, Master und Dissertation. Bern, Stuttgart, Wien: Haupt Verlag, (6) 2013, S. 248 ff.; KRUSE, OTTO: Lesen und Schreiben. Der richtige Umgang mit Texten im Studium. Wien: Verlag Huter & Roth, 2010, S. 133 ff.

[17] ESSELBORN-KRUMBIEGEL 2010, S. 37 ff.; KRUSE 2010, S. 134 ff.

mit dem Fremd- und Selbstanspruch, abwechslungsreich schreiben zu wollen. Im Zweifelsfall entscheiden Sie sich besser für mehr Wissenschaft als für Unterhaltung.

**Andererseits** lassen sich Sätze und Aussagen logisch miteinander verbinden. Es reicht also nicht immer, Sätze nebeneinander zu stellen oder nur thematisch zu ordnen.

*Z. B.: Weil Forscher X das behauptet, denkt Forscher Y, dass neue empirische Studien notwendig sind.*

Helga Esselborn-Krumbiegel verweist darauf, dass sowohl Konjunktionen („und", „oder", „weil") als auch Adverbien wie „deshalb" und „insofern" solche logischen Bezüge verdeutlichen können und die Aussagen in ein klar erkennbares Verhältnis zueinander setzen.

## Übersichtlichkeit

Einen dritten Aspekt der Klarheit bezeichne ich mit „Übersichtlichkeit".[18] In der deutschen Sprache ist es möglich, Subjekt und Prädikat zu trennen und fast beliebig im Satz zu stellen. Stehen nun zwischen beiden Satzgliedern zu viele Informationen, wird der Satz unübersichtlicher. Er ist schwerer zu lesen. Subjekt und Prädikat, aber auch Hilfsverb und Verb sowie trennbare Bestandteile von Verben sollten eng beieinander stehen. Ebenso sollten Sie eine Häufung von Schachtelsätzen vermeiden, aber aus dieser Regel nicht ableiten, nur noch Hauptsätze zu schreiben. Wissenschaft darf ruhig etwas kompliziert sein. Als Faustregel kann ich Ihnen aus der Sekundärliteratur mitgeben, dass die Umrahmung eines Hauptsatzes von einem Nebensatz davor und dahinter als optimal angesehen wird.

## Kontrolle

Den vierten Aspekt der Klarheit fasse ich unter dem Begriff „Kontrolle". Wenn Sie Wörter, Begriffe und Satzkonstruktionen verwenden, sollten Sie nachdenken, warum Sie sie verwenden wollen und welche Ergebnisse Sie damit erzielen könnten. Das gilt für viele Tipps, die in älteren Publikationen als eiserne Regeln

---

[18] ESSELBORN-KRUMBIEGEL 2010, S. 47 ff.; KORNMEIER 2013, S. 249 f.

gehandelt werden. Angeblich ist es verpönt, in wissenschaftlichen Texten „ich" zu schreiben.[19] Das hat sich durch die Rezeption der anglo-amerikanischen Wissenschaftskultur gewandelt. Sicherlich erscheint es seltsam und überheblich, wenn Sie in einem Text permanent „ich" schreiben. Als Mitherausgeber einer Zeitschrift hatte ich letztens den Fall, dass ein Beiträger in den Fußnoten kontinuierlich auf eigene Arbeiten verwiesen hat, nach dem Motto: „Das habe ich schon alles geschrieben/geleistet." Als Kinder haben wir immer gesagt: Eigenlob stinkt. Von diesem Schreibgestus abgesehen, sind Sie in einer wissenschaftlichen Arbeit aufgefordert, einen eigenen Standpunkt zu beziehen. Dabei muss deutlich werden, dass es sich nicht um eine subjektiv, beliebige Meinung handelt, sondern Sie müssen Ihre Behauptungen begründen, Ihre Wertungen belegen. Der Verbündete des Ich-Tabus ist die Verwendung des Passivs[20], das lange Zeit als Standard wissenschaftlicher Texte galt. Schon allein aus Perspektive der Gleichstellungspolitik ist es problematisch geworden, „man" zu schreiben. Schwerwiegender ist jedoch, wenn Passivkonstruktionen verwendet werden, um den eigenen Standpunkt zu verschleiern. Da wird einfach „ich" durch „man" ersetzt. Oder Sie handeln sich eine andere Nebenwirkung ein: Ihre Aussage wird durch das Passiv unbestimmter und Ihr Text verliert an sprachlicher Präzision. Passiv ist dort sinnvoll, wo Prozesse und Resultate betont werden sollen. Sobald es einen identifizierbaren Akteur gibt, z. B. SchülerInnen in einer Schule, ist das Aktiv angebrachter. Darüber hinaus gibt es eine Vielfalt von Möglichkeiten, das Passiv zu umschreiben und in verschiedenen Bedeutungsnuancen zu verwenden. Das Passiv ist wie das Personalpronomen „ich" mit Fingerspitzengefühl einzusetzen. Das gilt auch für den Nominalstil, die Liebe der Wissenschaftler für Substantivierungen.[21] Die Anhäufung von Substantiven wirkt schnell umständlich und überflüssig. In einigen Fällen können Substantivierungen dazu beitragen, Sätze kürzer und präziser zu fassen, indem Nebensätze durch ein Substantiv ersetzt werden.

---

[19] ESSELBORN-KRUMBIEGEL 2010, S. 59 ff.; GRUBER 2009, S. 68 ff.; KORNMEIER 2013, S. 241 ff.; KRUSE 2010, S. 142 ff.;
[20] ESSELBORN-KRUMBIEGEL 2010, S. 58 ff.; GRUBER 2009, S. 81 ff.; KORNMEIER 2013, S. 187 ff.; KRUSE 2010, S. 98 f.
[21] ESSELBORN-KRUMBIEGEL 2010, S. 54 ff.; GRUBER 2009, S. 78 ff.; KORNMEIER 2013, S. 198 ff.

*Z. B.: Die Theorien bestimmen, wie Informationen verarbeitet werden.* Besser: *Die Theorien bestimmen die Informationsverarbeitung.*

## Präzision

Als letzten Aspekt der Klarheit möchte ich „Präzision" anführen. Er ist mit der „Kontrolle" verwandt, bezieht sich aber auf einzelne Wörter oder Sätze. In wissenschaftlichen Texten sollten leere Verben – Verben, die lediglich ein Geschehen beschreiben, aber keine weiteren Informationen vermitteln – vermieden werden.[22] Darunter fallen: haben, bewirken, herrschen, beinhalten ...

*Z. B. nicht: Der Unterricht bewirkte eine Veränderung der Leseleistung, sondern: Der Unterricht verbesserte die Leseleistung.*[23]

Es gibt auch leere Substantive, wie Dinge, Punkte, Umstände. Nicht immer müssen solche Worte vermieden oder ersetzt werden. Sie können auch Adverbien oder Adjektive zur näheren Bestimmung verwenden.[24] Den leeren Wörtern vergleichbar sind Füllwörter und Füllsätze.[25] Füllwörter sind Übernahmen aus der Umgangssprache, die dort zur Bekräftigung oder Betonung von Aussagen verwendet werden. Gemeint sind kleine Wörter, z. B. eben, ja, wohl, natürlich, wahrscheinlich, auch ... Solche Wörter streichen Sie am besten ganz. Unter Füllsätzen werden Sätze begriffen, die Aussagen ankündigen, aber ansonsten keine weiteren Informationen enthalten. Das ist unnötiges Pathos.

*Z. B.: Wir kommen nun zu einem wichtigen Punkt.*

Sicherlich, dazu kommen wir später noch, sollen Sie Ihre Leser auch durch den Text führen, aber nicht mit dem Zaunpfahl. Ein präziser wissenschaftlicher Text vermeidet auch Übertreibungen, weil sie meistens eine Wertung implizieren. Wenn Sie also einen Theoretiker eine „absolut überzeugende Argumentation" bescheinigen, haben Sie den Boden des wissenschaftlich Nachprüfbaren hinter sich gelassen. Generell sollten absolute Formulierungen also vermieden werden. Es gibt zu jedem Thema, zu jeder Frage gegensätzliche Standpunkte und

---

[22] ESSELBORN-KRUMBIEGEL 2010, S. 60 f.; KORNMEIER 2013, S. 179 ff.;
[23] Einen guten Sprachstil kann man nicht nur beim Verfassen von Texten üben. Lesen Sie die Fachbücher und Zeitschriften mal auf die Frage hin, ob und wie oft sie leere Worte verwenden.
[24] KRUSE 2010, S. 132 ff.
[25] ESSELBORN-KRUMBIEGEL 2010, S. 63 f.

Meinungen. Und in wenigen Monaten oder Jahren könnten schon Informationen und Erkenntnisse vorliegen, die Ihre Forschungen veraltet erscheinen lassen. Wörter wie nie, immer und in jedem Fall gehören deshalb nicht in Ihren Text.

## Zusammenfassung

Die Klarheit eines wissenschaftlichen Textes wird, ich fasse zusammen, von den Prinzipien Ordnung, Verknüpfung, Übersichtlichkeit, Kontrolle und Präzision bestimmt. Es sind letzten Endes Konventionen, die sich in der Wissenschaft etabliert haben und die Sie kennen und anwenden müssen. Es gibt noch weitere Stilqualitäten, von denen lediglich noch die Angemessenheit für den Kontext Wissenschaft relevant ist. Kurz hatte ich sie schon angesprochen. Sie lässt sich auf die Frage reduzieren: Für wen schreibe ich was und warum? All das, was ich beschrieben habe, ist relativ zu betrachten. Eine Einführung für Erstsemester kann sich in viel breiterem Umfang der Alltagssprache bedienen, um so den Einstieg in die Wissenschaft zu erleichtern. Bei einer wissenschaftlichen Arbeit orientieren Sie sich dagegen an Scientific Community. Es sind also alle wissenschaftlichen Stilkonventionen einzuhalten. Des Weiteren sollten Sie sich fragen, ob Ihr Text der verlangten Textsorte – Hausarbeit, Portfolio, Essay oder Exzerpt – angemessen ist. Für jede Textsorte gelten die Regeln in leicht veränderter Form. Trotzdem gibt es eine Textsorte – und damit beginne ich das Thema „Strukturierung" –, die als Prototyp wissenschaftlicher schriftlicher Arbeiten gelten kann: die Hausarbeit.

# Strukturierung

Die formalen Anforderungen (Zitierregeln etc.) an eine Hausarbeit oder perspektivisch an eine Abschlussarbeit können im Internet nachgelesen werden.[26] In anderen Studiengängen gibt es Handreichungen zum Verfassen wissenschaftlicher Arbeiten. Ein bisschen werde ich die Thematik streifen, aber einen anderen Schwerpunkt setzen. Die Formalitäten sind nicht nur eine Norm, die von außen an Sie herangetragen wird und an die Sie sich halten müssen. Sie sind auch ein Gerüst, eine Unterstützung für Ihre Schreibarbeit. Es erleichtert das Verfassen von Texten, weil es Textteile in Grundzügen schon vorgibt und Sie nur noch die Inhalte daraufhin anpassen müssen. Gerüste stehen Ihnen für die Makro- und die Mikroebene bereit. Die Summe der Kapitel und das Verhältnis der Hauptteile einer Arbeit ergibt die Makroebene. Sätze und Absätze bilden dann die Mikroebene. Als Erstes wende ich mich aber der Peripherie zu und gehe auf die Paratexte einer wissenschaftlichen Hausarbeit ein.

## Paratexte[27]

Die Textgattung „Haus"- oder „Abschlussarbeit" ist für sich genommen eine Kombination verschiedener Texteinheiten. Das Titelblatt der Arbeit mit seinen Angaben zu Ihrer Person und zum akademischen Kontext, in dem die Hausarbeit entstanden ist, kann literaturwissenschaftlich als Paratext[28] beschrieben werden. Darunter werden Texte und Textteile verstanden, die nicht zum Kern des Schriftstücks gehören, die den wissenschaftlichen oder literarischen Text ergänzen, kommentieren und vermitteln und ihm dadurch eine Form (z. B. Buch) und Struktur (z. B. Gliederung) geben. Das Titelblatt ist ein Teil des Rahmens, der einen wissenschaftlichen Text umgibt, und hat eine Markierungsfunktion. Ihre Hausarbeit gilt oberflächlich als wissenschaftlich, weil Sie im Rahmen einer Lehrveranstaltung an der Universität entstanden ist, was das Ti-

---

[26] Am Institut für Grundschulpädagogik der Universität Leipzig über die URL: http://www.erzwiss.uni-leipzig.de/images/professuren/77/WIA_Stand_2012-12-03.pdf [Stand: 15.08.14]
[27] Paratexte und Makrostruktur werden in den meisten Büchern zum wissenschaftlichen Arbeiten/Schreiben zusammen betrachtet.
[28] Eine Übersicht zu Paratexten in verschiedenen Medien ermöglicht: STANITZEK, GEORG: „Texte, Paratexte, in Medien: Einleitung". In: KREIMEIER, KLAUS/STANITZEK, GEORG (Hg.): Paratexte in Literatur, Film, Fernsehen. Berlin: Akademie Verlag, 2004, S. 3–19.

telblatt deutlich macht. Es gilt deshalb, auch wegen des Titels, als Fenster der Arbeit. Auch das Inhaltsverzeichnis ist Ihrer Arbeit vor- und übergeordnet und gehört nicht zu Ihrem eigentlichen Text, der eine Antwort auf eine wissenschaftliche Problemstellung beinhaltet. Das Verzeichnis ist wie der Katalog in einer Bibliothek, weil der Text auch ohne es funktioniert und es nur eine lektüre- und bewertungsunterstützende Funktion hat.

Zu den Paratexten gehört auch das Vorwort. Es ist nicht bei jeder Hausarbeit notwendig und wird in den meisten Fällen kaum bewertet werden. Sie haben mit dieser Textsorte die Möglichkeit, persönliche Anmerkungen zur Entstehungsgeschichte zu dokumentieren. In den USA führt das manchmal dazu, dass allen Familienmitgliedern und dem Hund gedankt wird. Das ist in Deutschland unüblich. Wenn Sie eine empirische Forschung durchgeführt haben, ist das Vorwort der Ort, den Beteiligten, den Lehrern oder der Schule zu danken. Besprechen Sie die Notwendigkeit eines Vorwortes sowie dessen Ausgestaltung mit Ihrem Dozenten. Auch hier kann es vom Allgemeinen abweichende Konventionen geben.

## Makrostruktur: Die Dreiteilung der Hausarbeit[29]

Bisher habe ich nur über Paratexte gesprochen, die den Kern der Hausarbeit umgeben, Zusatzinformationen bereitstellen oder den Zugang zu Ihrem Text erleichtern. Der Kern, es wird Ihnen vom Erörterungsaufsatz in der Schule bekannt sein, besteht aus Einleitung, Hauptteil und Schluss. Für diese Teile werde ich die jeweilige Funktion benennen und dann, wenn vorhanden, das Gerüst vorstellen, in das Sie Ihre Inhalte einfügen können. Für uns als Lehrende beschreibt das Gerüst auch einen Erwartungshorizont. Die Hausarbeit kann in dieser Hinsicht wie ein literarisches Genre betrachtet werden. Wenn Sie als AutorInnen gegen die Konventionen verstoßen, führt das zur Kritik an Ihrem Text und vielleicht zu einem Misserfolg. Die Dozenten als Leser erwarten nun einmal, dass die drei Teile der Arbeit auf bestimmte Fragen antworten.

---

[29] Das Grundgerüst für die Beschreibung der Makrostruktur stammt aus: ROOS/LEUTWYLER 2011, S. 126.

# Einleitung[30]

„Was will ich sagen?" Diese Frage bestimmt fast jede Einleitung eines wissenschaftlichen Textes. Daraus ergibt sich *erstens* die Funktion, die Arbeit im wissenschaftlichen Diskurs einzuordnen. Auf welche Frage möchten Sie eine Antwort geben? Für welches Problem bieten Sie eine Lösung an? Eine *zweite* Funktion besteht darin, Ihr Vorgehen zu beschreiben. Wie wollen Sie die Frage beantworten? Wie erarbeiten Sie eine Lösung? *Drittens* soll die Einleitung auch noch die Lust am Weiterlesen fördern. Wie sieht das im Einzelnen aus?

Üblicherweise, Sie werden das beim Lesen von Zeitschriftenaufsätzen und Sammelbandbeiträgen bemerken, steht an erster Stelle ein Einstieg. Das ist ein Absatz, in dem ein Alltagsbezug zu Ihrem Thema hergestellt wird. Vielleicht gibt es eine aktuelle Diskussion in den Medien. Zitate, Sprichwörter, Allerweltsbeobachtungen eignen sich aber genauso, wenn sie klar auf Alltägliches verweisen. Mit dem Einstieg beschreiben Sie das Thema in einfachen Worten. Substantivierungen und wissenschaftliche Spezialbegriffe sind deshalb nur sparsam zu verwenden. Nach der vereinfachten Darstellung Ihres Themas, ist dieses einzugrenzen. Welche Aspekte bearbeiten Sie und welche nicht? Nehmen wir an: Sie wollen eine Hausarbeit über die Grundschule verfassen. *Beschäftigen Sie sich mit den LehrerInnen oder den SchülerInnen, mit den Unterrichtsstunden oder Pausenzeiten, mit den Klassenzimmern oder der Schulbibliothek?*

Um ein Thema einzugrenzen, kann es sinnvoll sein, zunächst den möglichen Umfang darzustellen – z. B. durch einen Überblick über den Forschungsstand – und dann eine begründete Auswahl zu treffen. Die Eingrenzung des Themas schließt mit der expliziten Nennung der Fragestellung ab. Die Frage muss als solche erkennbar sein und sollte sich idealerweise aus den vorhergehenden Ausführungen ergeben. An diese, Ihre Frage schließt sich wieder eine Eingrenzung an. Dieses Mal sollen Sie die Relevanz Ihrer Frage erörtern. Welche Resultate erwarten Sie, wenn Sie die Frage beantwortet haben? Schreiben Sie diesen Textteil mit pragmatischem Realismus. Den Schulunterricht oder gar die Gesellschaft werden Sie mit einer Hausarbeit nicht revolutionieren können. Möglich-

---

[30] Vgl.: ESSELBORN-KRUMBIEGEL 2012, S. 81; GRUBER 2009, S. 98 ff.; KORNMEIER 2013, S. 98 ff.; KRUSE 2010, S. 87.

erweise erhalten Sie am Ende nur eine präzisere Fragestellung, die dann weitere empirische Untersuchungen initiiert. Auf 10 bis 20 Seiten Normalumfang sind nur begrenzt Begriffe, Theorien oder Resultate tiefergehend diskutierbar. Im Verhältnis zum wissenschaftlichen Diskurs reicht Ihre Hausarbeit noch nicht mal an die Bedeutung einer Fußnote heran. Sie soll lediglich zur (Ein-)Übung in das wissenschaftliche Arbeiten dienen. Die Einleitung wird dann durch eine Vorschau abgeschlossen. Sie haben Ihr Thema vorgestellt, die Frage genannt und eingegrenzt. Nun müssen Sie noch sagen, wie Sie die Frage beantworten wollen. Ihr Vorgehen, ihre Darstellungsmethode steht hier nun im Mittelpunkt. Vorgehen meint hier zweierlei: **Einerseits** beschreiben Sie kurz die von Ihnen ausgewählten Methoden und Quellen. Wie sind die Ergebnisse zustande gekommen? Auf welchem Material basieren sie? **Andererseits** schildern Sie den Aufbau Ihrer Arbeit und klären, wie die Kapitel sich zur Fragestellung verhalten, welche Schritte die Kapitel bei der Beantwortung repräsentieren. Damit können Sie dann Ihre Einleitung beenden und Sie sehen, wie die einzelnen Textteile ineinander greifen und sich von selbst fast ein Text ergibt.

### Hauptteil[31]

„Sagen Sie nun, was Sie zu sagen haben". Mit diesem Motto könnte der Hauptteil überschrieben werden. Dessen Funktion und Struktur ist vergleichsweise unbestimmter. Er ist von Ihrer Fragestellung, der Forschungsmethode und der Art der Hausarbeit abhängig. Es gibt, grob eingeteilt, theoretische und empirische Arbeiten, je nachdem, ob Sie die Forschungsliteratur zu einem Thema auswerten oder eigene Untersuchungen durchführen. Ich beschränke mich auf den Typ „theoretische Hausarbeit" oder, wie er auch beschrieben wird, den „Literaturbericht". Die Makrostruktur einer empirischen Hausarbeit können Sie aus der Literatur zum wissenschaftlichen Schreiben entnehmen.

Bei einer theoretischen Hausarbeit besteht eine erste Funktion des Hauptteils darin, ein oder mehrere Theorien, Begriffe, Bücher etc. fragebezogen darzustellen. Sie haben die von Ihnen recherchierte Literatur gelesen und ausgewertet und präsentieren dann Ihre Lektüreergebnisse in einer übersichtlichen Form. Auswählen und Ordnen sind hier als Arbeitstechniken gefragt. Im Zusammen-

---

[31] Vgl.: GRUBER 2009, S. 105 ff.; KORNMEIER 2013, S. 110 ff. & 119 ff.; ROOS/LEUTWYLER 2011, S. 109 ff.

hang damit, das ist eine weitere Funktion, präsentiert der Hauptteil Ihren Strandpunkt. Sie müssen hier also mitteilen, was Sie unter bestimmten Begriffen verstehen oder wie Sie die aktuelle Problemlage/Debatte einschätzen.

Wie Sie die Ergebnisse der Lektüre präsentieren, hängt zum Teil von persönlichen Vorlieben, aber auch von wissenschaftlichen Traditionen ab. Finden Sie bspw. einen Autor überzeugender als andere, werden Sie vielleicht die schwächeren Positionen an den Anfang stellen, um Ihren Autor als die beste aller Lösungen augenscheinlich zu machen. Allgemein beginnt der Hauptteil mit einer Begriffsklärung. Sie zerlegen Ihre Frage und begründen dann Ihre Wortwahl durch eine Definition der Begriffsbedeutungen.

*Wenn Sie also eine Arbeit über Sozialisation schreiben, müssen Sie im ersten Kapitel des Hauptteils bestimmen, was Sie unter „Sozialisation" verstehen.*

Da der Begriff einen Prozess bezeichnet, kann das auch unter Zuhilfenahme einer schematischen Skizze erfolgen. Es kann ebenso sinnvoll sein, Ihre Begriffsbedeutung vor dem Hintergrund verschiedener Sozialisationstheorien näher zu skizzieren. Diese Theorien fassen Sie zusammen, beschreiben wichtige Bestandteile, kommentieren unklare Annahmen, nennen Beispiele, kritisieren und/oder vergleichen eine Theorie mit anderen. Das klingt etwas vage, aber durch Mikrostrukturierungen lässt sich auch dieser Teil der Arbeit schnell füllen. Der Hauptteil beantwortet noch nicht die Frage. Er bereitet die Beantwortung der Frage vor, indem Begriffe geklärt und Aspekte Ihres thematischen Zuschnitts genannt werden. Die Leitfrage dabei wäre: „Was muss für die Lösung des Problems gewusst werden?" Dazu gehört, dass das Problem erst mal so exakt wie möglich beschrieben wird. Erst danach erfolgt eine Antwort im Schluss. Die Grenzen zwischen Hauptteil und Schluss sind fließend. Suchen Sie das Gespräch mit Ihrem Dozenten. Meine Vorlesung dient auch dazu, Sie zu befähigen, über Ihre Hausarbeit zu sprechen. Die Beschäftigung mit dem wissenschaftlichen Schreiben trägt idealerweise zu einer erfolgreichen Metakommunikation über diesen Teil des wissenschaftlichen Arbeitens bei.

# Schluss[32]

„Sagen Sie, was Sie gesagt haben." In Markus Roos und Bruno Leutwylers „Wissenschaftliches Arbeiten im Lehramtsstudium" heißt der Schluss *Diskussionsteil*.[33] Eine Funktion dieses Teils ist es, unter Rückbezug auf den Hauptteil sowie der dort dargestellten Theorien und Begriffe, die in der Einleitung gestellte Frage zu beantworten (zu diskutieren). Die andere Funktion ist, Sie werden es sich vielleicht denken können, Ihre Antwort in den wissenschaftlichen Diskurs einzuordnen.

Gemäß den Funktionen beginnt der Schluss mit der Antwort. Welche Schlüsse lassen sich nun aus der theoretischen Auseinandersetzung für Ihr spezielles Problem ziehen? Auf welches Ergebnis kommen Sie nach Auswertung der Literatur? Nachdem Sie das Ergebnis benannt haben, ist es vor dem Hintergrund des aktuellen wissenschaftlichen Diskurs zu betrachten. Warum kommen Sie möglicherweise zu einem anderen Ergebnis oder weshalb bestätigen Sie eine gängige Forschungsmeinung? In einem begrenzten Umfang relativieren Sie auch Ihr Ergebnis. Das soll keine Selbstzerfleischung werden. Nutzen Sie an diesem Punkt die Gelegenheit, mögliche kritische Einwände vorwegzunehmen und zu entkräften. Als Letztes folgt dann noch ein Ausblick. Hier können Sie in mehreren Abschnitten Ihre Problemlösung noch weiter führen. Wo sind jetzt noch Defizite? Was müsste wie erforscht werden? Vielleicht ergeben sich daraus neue Fragestellungen, ein Forschungsfeld, das von Ihnen gedanklich abgesteckt wird. Ebenso ist dieser Textteil des Schlusses geeignet, über die eigene Disziplin hinauszudenken. Die offenen Fragen können vielleicht nicht ausschließlich durch die Erziehungswissenschaften geklärt werden. Ob eine Lehrmethode langfristige Wirkungen zeigen kann, lässt sich auch mit Hilfe der Lernpsychologie beantworten. Ein Defizit des Lehrplans wiederum muss durch einen politischen Eingriff des Gesetzgebers beseitigt werden. Die erdrückende Vielfalt des Medienangebotes dagegen ist ein gesellschaftliches Problem.

Der Schluss ist wie die Einleitung stark vorstrukturiert. Die Frage wird beantwortet, die Antwort im wissenschaftlichen Diskurs verortet sowie ihre Reich-

---

[32] ESSELBORN-KRUMBIEGEL 2012, S. 129 ff.; GRUBER 2009, S. 114 ff.; KORNMEIER 2013, S. 155 ff.
[33] ROOS/LEUTWYLER 2011, S. 113 ff.

weite und Relevanz eingeschätzt. Anschließend geben Sie noch einen Ausblick auf mögliche Folgeforschungen. Auch hier ermöglicht die Makrostruktur einen schnellen Schreibfluss, vorausgesetzt, Sie haben gedanklich vorgearbeitet.

## Sonderfall Essay[34]

Meine Ausführungen zur Makrostruktur bezogen sich vor allem auf die Hausarbeit, die ich Ihnen als Prototyp wissenschaftlicher Arbeiten, seien es akademische Qualifikationsschriften oder Beiträge in Fachzeitschriften, präsentiert habe. Das Essay, welches Sie im Tutorium verfassen sollen, weicht von der Hausarbeit in einigen Punkten ab, zumal es meistens auch einen kürzeren Umfang hat. Bestehen bleibt die Dreiteilung in Einleitung, Hauptteil und Schluss, wobei Sie im Fall des Essays auf Zwischenüberschriften und neue Seiten für neue Kapitel verzichten können.

Das Essay lebt von einer wirkungsvollen Argumentation, d. h. einem guten Hauptteil. Anstelle der Frage steht eine Behauptung, der Sie widersprechen oder die Sie befürworten sollen, z. B. „Lesen macht Spaß". Dazu stellen Sie Pro- und Contra-Argumente einander gegenüber. Im Unterschied zur Hausarbeit ist der Hauptteil dadurch festgelegter. Er ist eine Sammlung von begründeten Aussagen für und gegen die Behauptung, die z. B. mit der Darstellung der Gegenargumente beginnt. Bei der Einleitung können Sie die Betrachtung der Relevanz Ihrer Frage darauf einkürzen, welche Seite Sie vertreten werden. Einen alltagsverständlichen Einstieg, die Eingrenzung des Themas und der Ausblick auf den Fortgang der Arbeit sind dagegen bei einem Essay ebenso selbstverständliche Textteile wie in einer Hausarbeit. Lediglich der Umfang fällt etwas geringer aus. Im Schluss eines Essays beziehen Sie, wie bei der Hausarbeit, einen Standpunkt. Welcher Seite ordnen Sie sich zu? Welche Argumente überzeugen Sie? Auch bei dieser Textsorte können Sie Ihr Ergebnis relativieren und damit Gegenargumente vorwegnehmend entkräften und selbst ein Ausblick auf offen gebliebene Fragen ist im Essay sinnvoll. Die Struktur bleibt gleich und wird für den geringeren Textumfang und den Zweck des Textes modifiziert. Den Kern eines Essays bildet eine gute Argumentation. Sie sollen zeigen, dass Sie stichhaltig argumentieren können, Argumente differenziert einzusetzen wissen und diese

---

[34] KRUSE 2010, S. 73.

gut präsentieren können. Dazu gehört, die Gegenargumente fair zu behandeln. Gegebenenfalls kann es notwendig sein, die eigene Meinung zurückzuhalten, weil sie entweder wissenschaftlich nicht belegbar ist oder weil es überzeugendere Argumente gib. Ihr Standpunkt sollte also wissenschaftlich vertretbar sein.

## Mikrostruktur

Beim Essay ist es wichtig, die Mikroebene des Textes gut zu strukturieren. Eine gute Argumentation besteht in einer gut gegliederten, logisch aufeinander aufbauenden und nachvollziehbaren Aneinanderreihung von Argumenten. Argumente stehen nun im Mittelpunkt meiner Ausführungen. Und Argumente sind zunächst nichts Anderes als miteinander verbundene Sätze, die allein oder in Verbindung mit anderen Argumenten einen Absatz ergeben.

Am Beginn der Strukturierung von Unterkapiteln und Absätzen steht die logische Ordnung des Stoffes unter dem Gesichtspunkt, wie die Argumente sich zueinander verhalten. Sie haben eine Menge gelesen. Spätestens bei der Verschriftlichung heißt es auszusortieren und zu entscheiden, was für Ihre Arbeit, für Ihre konkrete Arbeit relevant ist.[35] Zur logischen Ordnung gehören weiterhin Überlegungen, wie die Absätze zur Fragestellung/Behauptung passen. Welchen Aspekt der Frage/der Behauptung beantworten Sie? In der Sekundärliteratur werden einige Möglichkeiten genannt, wie Sie, z. B. mit Hilfe einer Mindmap, den Zusammenhang Ihrer Argumente vor der Verschriftlichung verdeutlichen können. Ein anderes Mittel zur logischen Gliederung ist, sich die Teilfragen zu verdeutlichen, die in den einzelnen Absätzen bearbeitet werden sollen. Ein gutes Argument ergibt noch keine Argumentation. Erst ein sorgfältiger Plan überzeugt Ihre Leser, dass unter bestimmten Voraussetzungen und Bedingungen Ihre Antwort die beste unter den Möglichen ist.

## Funktion von Argumenten

Was ein Argument ist, kann nicht pauschal definiert werden. Argumente sind Begründungen, Beweise, Erläuterungen und Beispiele, die im Umfeld einer Aussage stehen. Aussagen, die ohne Gründe/Zusätze im Text stehen, sind bloße Meinungen.

---

[35] ESSELBORN-KRUMBIEGEL 2012, S. 23 ff.;

*Z. B. Die Grundschule gefällt den meisten Kindern.*

Erst wenn ein solcher Satz näher erläutert wird – Was heißt eigentlich „gefallen"? – oder mit empirischen Ergebnissen unterlegt wird, handelt es sich um ein Argument. Die Vielgestaltigkeit der Argumente korrespondiert mit einer Funktionsvielfalt.[36]

Erstens können Argumente sich auf Ihre Methode beziehen. Sie beschreiben bspw. in der Einleitung, warum Ihr Vorgehen optimal für die Beantwortung der Fragestellung ist. Methodenbezogen argumentieren Sie auch am Schluss, wenn Sie die Reichweite und Relevanz Ihrer Ergebnisse darstellen.

Zweitens dienen Argumente der Begründung. Sie schreiben z. B., warum eine Theorie, ein Standpunkt oder ein Begriff nicht zutreffend sind. Mit Argumenten begründen Sie das Für und Wider einer Aussage, bis hin zur völligen Ablehnung. Umgekehrt werden Sie auch dafür genutzt, den eigenen Standpunkt zu verdeutlichen.

Drittens werden Argumente genutzt, um Forschungsansätze darzustellen. Warum ist ein aktueller Forschungsansatz dem Gegenstand angemessener? Welche Fragen wurden früher vernachlässigt? Welche anderweitigen Beschränken ergaben sich daraus?

Viertens wird mit Argumenten interpretiert. Aus Sicht Ihrer Disziplin, einer Theorie erläutern Sie, wie ein Gegenstand einzuordnen und zu verstehen ist. Wie werden bspw. Kinder aus Sicht der Erziehungswissenschaften erfolgreiche Leser?

Eine gute Übersicht und weitere Erläuterungen bietet Otto Kruses Buch zum „Lesen und Schreiben". Zusammenfassend lässt sich daraus schließen, dass Argumente auch Ihrer Funktion entsprechend eingesetzt und angeordnet werden müssen, je nachdem welches Ziel der Absatz verfolgt.

---

[36] Kruse 2010, S. 100; Gruber 2009, S. 176 ff.

## Textskelett für Argumente

Für den Aufbau von Argumenten schlägt Frau Esselborn-Krumbiegel ein Textskelett[37] vor, das universal Verwendung finden kann. Sie haben erstens eine Kernaussage, die den Rahmen für die Argumentationseinheit vorgibt. Die Aussage wird von Ihnen zweitens begründet, bewiesen, erläutert und nach der Funktion des Argumentes modifiziert. Drittens führen Sie Beispiele aus der eigenen Erfahrung oder der Sekundärliteratur an, um die Aussage zu veranschaulichen. Viertens folgt dann Ihre eigene Schlussfolgerung, mit der Sie fünftens zum nächsten Argument überleiten.

# Roter Faden: Leserführung[38]

Zwischen diesen Argumentationseinheiten, es deutet sich mit fünftens an, müssen Sie Zusammenhänge herstellen, so dass sich ein roter Faden für die LeserIn Ihrer Arbeit ergibt. Die Einheiten sollten auf die Frage bezogen sein, aber auch in sich stimmig und aufeinander abgestimmt sein. Dazu gehört wiederum, dass auch Argumentationseinheiten nach inhaltlicher Zusammengehörigkeit gruppiert werden sollten. Darüber hinaus ist dieser Zusammenhang zu versprachlichen und mittels Konjunktionen, wie weil, deshalb etc. die logische Abhängigkeit voneinander deutlich zu machen.

Die Herstellung eines Textzusammenhanges ist die Grundlage für die Leserführung, den Roten Faden, der ebenfalls zu einer erfolgreichen Argumentation gehört. In der Literaturwissenschaft wird bei narrativen Texten zwischen der Erzählung und der Meta-Erzählung unterschieden. Um eine Meta-Erzählung handelt es sich, wenn der Erzähler sich selbstreflexiv auf das Erzählen und den Prozess der Erzählung bezieht. Der Erzähler kann z. B. eine eben dargestellte Situation wertend kommentieren. Er/sie kann auch vorausgreifen und einen Ausblick auf den Handlungsverlauf geben. Ähnlich ist es Ihre Aufgabe, sich ab und zu außerhalb des Argumentationsganges zu begeben und den Leser auf die Bedeutung und die Funktion der Texteinheiten hinzuweisen.

Für die Leserführung gibt es eine Vielfalt an Mitteln.

---

[37] ESSELBORN-KRUMBIEGEL 2012, S. 149 ff.; KRUSE 2010, S. 101 ff.; GRUBER 2009, S. 202 ff.; Formulierungsvorschläge auch bei: KORNMEIER 2013, S. 247 f.
[38] ESSELBORN-KRUMBIEGEL 2012, S. 141 ff.;

A) können Sie die sich selbstgestellten Fragen, mit denen Sie den Bezug einzelner Absätze und Textpassagen zur Fragestellung abgestimmt haben, explizit machen. Zum Beispiel etwas überdeutlich mit der Formulierung: „Im Folgenden möchte ich die Frage klären, warum …". Auf diese Weise ist der Leser immer im Bilde, welchen Teilaspekt der zentralen Frage Sie gerade bearbeiten.

B) unterstützen Wiederaufnahmen von bereits Geschriebenem die Orientierung im Text. Selbst bei 10 Seiten schadet es nicht, immer mal wieder an das Thema der Arbeit, die Frage oder zentrale Begriffe zu erinnern, getreu dem Sprichwort: Wiederholung ist die Mutter der Weisheit.

C) gibt es verschiedene kleinere Texteinheiten, quasi Versatzstücke, die an Gelenkstellen – am Beginn und Ende von Abschnitten/Kapiteln/Teilen der Arbeit – eingesetzt werden. Es handelt sich um Vorankündigungen, Überleitungen und Zusammenfassungen. Diese Texteinheiten werden einzeln oder in Kombination verwendet und ich stelle sie Ihnen nun kurz vor. Die **Vorankündigung** steht z. B. am Ende eines Kapitels. Sie beinhaltet eine Zusammenfassung des folgenden Textes. Was wollen Sie als Nächstes schreiben? Was erwartet den Leser? Dabei liegt der Schwerpunkt nicht nur auf dem unmittelbar folgenden Kapitel, sondern Sie können auch auf den Argumentationsgang verweisen. Neben der Führung des Lesers bietet die Vorankündigung Ihnen die Möglichkeit, eventuelle Vorwürfe zu entkräften. Jeder Wissenschaftler hat seine eigene Vorstellung davon, wie ein wissenschaftliches Problem bearbeitet werden müsste. Als Leser Ihrer Arbeit hat er Erwartungen an deren Struktur. Mit der Vorankündigung machen Sie Ihre Strukturierung explizit und verweisen den wissenschaftlichen Leser auf andere Textstellen, wo er das von ihm Gesuchte, vielleicht finden könnte. Sie zeigen damit, dass Sie die verschiedenen Aspekte Ihrer Fragestellung gut kennen und lediglich eine andere Anordnung bevorzugen. Eine **Zusammenfassung** findet sich meist am Ende eines Kapitels. Damit werden die wichtigsten Ergebnisse noch einmal konzentriert, ohne weitere Erläuterungen, präsentiert. (Was bisher geschah …) Die **Überleitung** ist eine Mischung aus Zusammenfassung und Vorankündigung. Sie stellen mit dieser Texteinheit Zusammenhänge zwischen den Kapiteln her und stiften eine Verbindung zwischen dem, was Sie geschrieben haben, und dem, was Sie noch schreiben werden.

D) Existieren auch graphische Mittel, um den Leser durch Ihren Text zu führen. Das fängt bei einer gut durchdachten Absatz- und Kapitelgliederung an, geht weiter zu einer kontrollierten Verwendung von Fett- und Kursivdruck bis hin zur Formulierung sprechender Überschriften und zur Nutzung von Marginalien.

Leserführung, wie auch die sprachliche Gestaltung und Strukturierung von Texten, ist fast so wichtig wie die Beschäftigung mit den wissenschaftlichen Gegenständen selbst. Was nützen Ihnen die besten Ergebnisse, wenn sie nicht für Andere verständlich präsentiert werden. Denken Sie auch an uns Dozierende, die im Semester durch Klausuren hunderte von studentischen Texten mit wenig Zeit lesen müssen. Je schneller sich uns eine Arbeit erschließt, umso wohlwollender wird der Text insgesamt beurteilt. Texte mit Verständnisschwierigkeiten haben es schwieriger, weil die Zeit zum Rätselraten fehlt. Sicherlich lassen sich dadurch auch Schwachstellen leichter identifizieren. Das ist jedoch kein Grund, um auf die Leserführung zu verzichten. In der Mathematik gibt es auch Punkte für den Rechenweg, selbst wenn das Ergebnis nicht stimmt. Ist Ihre Argumentation explizit, kann das, was sie sagen wollten aber sprachlich nicht treffend formulieren konnten, positiv bewertet werden. Fehlt die Verdeutlichung Ihrer Argumentationslinie, steht der Gutachter vor dem Nichts.

Sie merken, ähnlich wie zum wissenschaftlichen Sprachstil, gibt es auch zur Strukturierung wissenschaftlicher Arbeiten viel zu sagen. Sie sollten als Leitgedanken mitnehmen, dass diese Konventionen zum Teil unterschiedlich gehandhabt werden. Sprechen Sie immer mit Ihrem Betreuer über Ihr Schreibvorhaben. Was Sie mit ihm, vielleicht auch an konkreten Textbeispielen, besprechen sollten, habe ich versucht zu umreißen. Und Sie dürfen diese Hinweise nicht als Regeln sehen, die versuchen, Sie in Ihrer Schriftsprache zu beschränken. Sie sind als Hilfestellung bei der Herstellung wissenschaftlicher Arbeiten gedacht, sozusagen eine Erfolgsformel, bei der Sie Ihre Daten einsetzen können und die das bestmögliche Ergebnis gewährleistet: einen guten wissenschaftlichen Text.

# Schreiben macht Spaß

Das bringt mich zum letzten Themenkomplex, den ich unter der Überschrift „Wissenschaftliches Schreiben" ansprechen möchte. Ich möchte ihn unter das Motto: „Schreiben macht Spaß" stellen. In der Ratgeberliteratur zum wissenschaftlichen Schreiben/Arbeiten werden Studierende mit eine Fülle von Formalien konfrontiert. Da wird oft sinngemäß geschrieben stehen: „Tun Sie das, aber lassen Sie das und auf keinen Fall ..."

Die Regeln gelten zunächst nur für einen kleinen Teil der Schreibarbeit im Studium, für das gedruckte Exemplar, das beim Verantwortlichen der Lehrveranstaltung abgeben wird. Davor, dazwischen und daneben gibt es Schreibprodukte und -prozesse, die unreglementiert sind und von den Schreibenden selbst bestimmt werden können. Es kann am Ende kein Außenstehender beurteilen, ob die Einleitung als Erstes oder als Letztes geschrieben wurde. Auch die Anzahl der Schreibversuche und Textvarianten sieht man der Arbeit nicht unbedingt an. Über Hausarbeiten, Essays etc. hinaus werden Informationen aus Büchern abgeschrieben und aus dem Internet heraus. Und vielleicht schreibt der eine oder die andere in der Vorlesung mit, anstatt sich auf die Powerpointfolien zu verlassen. Auch wenn alle genannten Schreibtätigkeiten fremdbestimmt erscheinen; Schrift ist ein eigenständiges Symbolsystem, das die Wahrnehmung und Erkenntnis der Welt unterstützen kann. Mittels Schrift lässt sich die Welt (Sinneseindrücke, Erfahrungen, Erlebnisse, Informationen) ordnen, strukturieren, kommunizieren und vielleicht verändern.

Wer diesen Grundsatz sich vor den Augen hält und ihn verinnerlicht, der sollte das Wort „Schreibblockade" nicht kennen. Schreiben ist ein unverzichtbarer Bestandteil des Studiums, des späteren Berufs und Lebens. Es ist erfolgsversprechender, wenn eine positive Einstellung zu dieser Kulturtechnik besteht und sie als selbstverständlich, aber auch reflektiert betrachtet wird.

Leider kann ich diesen Komplex nur antippen, indem ich auf das Buch „Schreibdenken" von Ulrike Scheuermann verweise.[39] Es ist eines von vielen, das sich

---

[39] SCHEUERMANN, ULRIKE: *Schreibdenken. Schreiben als Denk- und Lernwerkzeug nutzen und vermitteln.* Opladen, Toronto: Verlag Barbara Budrich, 2012.

mit der Lust am Schreiben beschäftigt und eine Verbindung zwischen u. a. Methoden des freien Schreibens und dem Verfassen wissenschaftlichen Texten stiftet. Neben vielen Übungen verweist es auf die Nützlichkeit des Schreibens, wenn es zumindest gedanklich von einem konkreten Produkt entkoppelt wird ... Ich fasse es im Folgenden pointiert zusammen und gehe auf vier Punkte etwas ausführlicher ein.

Erstens: Wie der Titel bereits ankündigt, ist Schreiben eine Denkmethode. Oft würden wir, so Ulrike Scheuermann, Gedankenmüll mit uns herumschleppen.[40] Bei einem Thema oder einer konkreten Schreibaufgabe fallen uns verschiedene Assoziationen, Formulierungen, Strukturierungsmöglichkeiten etc. ein. Beim Schreiben übersetzen wir, um an den Beginn der Vorlesung anzuknüpfen, nicht nur Gedankenbilder und -worte in eine lineare Struktur, sie werden gleichsam präsent. Dadurch erhalten wir Aufschluss darüber, was uns gerade beschäftigt. Wir können uns einen Überblick verschaffen, daraufhin gezielt auswählen, eine Struktur implementieren und damit unser Denken verändern. Es ist eigentlich eine Binsenweisheit: Schreiben unterstützt die Fokussierung der Gedanken und damit auch die Organisation von Denk- und Arbeitsprozessen, was wiederum in kürzeren Bearbeitungszeiten für Studien- und Lebensaufgaben gleich welcher Art resultiert.

Zweitens: Schreiben kann der Alltagsbewältigung dienen.[41] Manchmal sind es nicht nur die eigenen Gedanken, die Menschen umhertreiben. Unbewältigte Geschichte, aktuelle Ereignisse und offene Zukunftsfragen können zur Verunsicherung und vielleicht zum Verlust von Identität führen. Schreiben kann dabei helfen, den eigenen Platz in der Geschichte wiederzufinden. Das kann die Familiengeschichte sein. In den Jahren 2009 bis 2010 es einen Skandal um Tilman Jens, der in einem Buch unter dem Titel „Demenz. Abschied von meinem Vater"[42] das Bild des erfolgreichen und einflussreichen Wissenschaftlers Walter Jens zu korrigieren versuchte. Es gibt eine Reihe von Texten, die das Gespräch mit den Eltern suchen, weil diese nicht mehr antworten können oder wollen.

---

[40]  Ebd., S. 111.
[41]  Ebd., S. 16
[42]  JENS, TILMAN: *Demenz. Abschied von meinem Vater*. Gütersloh: Gütersloher Verlagshaus, 2009.

Allgemeiner hat der Literaturtheoretiker und -historiker Stephen Greenblatt seine Forschungen mit dem Bedürfnis begründet, die Toten sprechen zu wollen.[43] In der Geschichtsschreibung werden die Toten wieder lebendig und es findet sich somit eine Antwort auf Grundfragen des menschlichen Daseins: Wo kommen wir her? Wie sind wir so geworden? Das soll keine Aufforderung sein, zum Anhänger des New Historicism zu werden, aber zeigen, wie Leben mittels Schreiben gestaltet wird und wenn es bloß ein Tagebuch ist. Vielleicht haben Sie selbst schon festgestellt, dass ein Urlaub, wenn er nicht nur digital mit dem Fotoapparat oder Smartphone, sondern auch analog auf Papier festgehalten wird, ganz anders in Erinnerung bleibt. Die Frage: „Was habe ich eigentlich gemacht und wer ist dieser Typ neben mir?", stellt sich dann sicherlich nicht.

Drittens: Schreiben bewährt sich nicht nur im alltäglichen Leben, sondern auch im Studium.[44] Zwar sitzen Studierende in Vorlesungen und Seminaren und beschränken sich oberflächlich betrachtet aufs Zuhören, doch erst durch das Mitschreiben fangen Sie an, von den Lehrveranstaltungen zu profitieren. Nur 20% von dem, was sie hören, behalten sie auch. Beim Schreiben wird das zu Lernende visualisiert und im günstigsten Fall werden die Schreibenden dabei selbst aktiv. Dann gehen nur noch 10% von den Informationen verloren. Allerdings reicht das Mitschreiben nicht aus, sondern es ist erforderlich, über Themen einer Lehrveranstaltung zu schreiben, z. B. in Form eines Essays oder einer Rezension. Auch wenn es erst mal nach viel Arbeit klingt, schreiben Sie doch mal einen Brief über Ihren Lernstoff oder ein Erlebnis. Es sollte mehr hängenbleiben als beim stupiden, wiederholten Auswendiglernen, das nach seinem Gebrauch bereits wieder verpufft.

Viertens: Schreiben kann dabei helfen, die eigene Identität zu finden.[45] Von der Ordnung der Dinge, der Ereignisse des Lebens und des Studiums ist es nur ein kleiner Schritt zur Ordnung des Selbst. Ordnung ist eigentlich das falsche Wort, passender wäre: Entdeckung. Wir werden tagtäglich mit Sprachen unterschiedlichster Art – neben den Fremdsprachen gibt es die Fachsprachen, die Bildungs-

---

[43] „I began with the desire to speak with the dead." Greenblatt, Stephen: Shakespearean Negotiations. The Circulation of Social Energy in Renaissance England. Oxford: Clarendon Press, 1990, S. 1.
[44] SCHEUERMANN, ULRIKE 2012, S. 13.
[45] Ebd., S. 112.

29

sprache, die Dialekte – zugedeckt, so dass es unendlich schwierig ist, die eigene Stimme zu finden. Welche Sprache gibt meine Erfahrungen wieder oder kongruiert mit dem, wie ich gern sprechen möchte? Denken Sie an Bewerbungen für Arbeitsstellen. Da gibt es hunderte von Bewerbungsratgebern, die alle Erfolg mit einem bestimmten Aufbau dieser Textsorte versprechen. Jeder sollte mit einem solchen Musterschreiben in die engere Auswahl kommen. Das kann durchaus vorkommen, aber lebendig werden diese Bewerbungsformulare erst, wenn aus ihnen Ihre Person zu anderen Menschen spricht. Vorher ist es nur eine mehr oder weniger gekonnte Aneinanderreihung von Sätzen.

Die vier Punkte appellieren vor allem an Ihre Vernunft. Ihre Schreibmotivation wird jedoch auch von Ihren Gefühlen bestimmt. Eine Vorlesung kann da wenig ausrichten und verändern. Die Universität ist als Ganze aufgefordert, eine angenehme Schreibumgebung zu schaffen. Bis dahin ist es jedoch noch ein weiter Weg. Ergreifen Sie selbst die Initiative und suchen Sie das Gespräch mit Ihrem Dozenten, aber auch mit Ihren MitstudentInnen. Wenn Sie schon nicht den Schreibanlass selbst bestimmen können, liegt es nahe, den Schreibprozess so angenehm wie möglich zu gestalten: in einer entspannten Sitzhaltung, bei Brot und Wein und mit Menschen zusammen, die Sie konstruktiv beim Entstehen von Texten begleiten. Wissenschaftliches Schreiben bedeutet zunächst, eine besondere Verschriftlichungspraxis kennenzulernen, eine neue (Schrift-)Sprache zu erwerben. Das erscheint mühsam und wird oft als Zwang empfunden. Gelingt es, die extrinsische Motivation in eine intrinsische Motivation zu transformieren, macht es ebenso viel Spaß wie jede Sprache, die wir selbstverständlich gebrauchen. Dann führt wissenschaftliches Schreiben zu Erkenntnisgewinnen über das eigene Selbst, das Verhältnis zu Anderen sowie über die Gegenstände und Themen der jeweiligen Wissenschaften.

# Bibliographie

BREDEKAMP, HORST/KRÄMER, SYBILLE: Kultur, Technik, Kulturtechnik. Wider die Diskursivierung der Kultur. In: DIES.: Bild, Schrift, Zahl. München: Wilhelm Fink, 2003.

ESSELBORN-KRUMBIEGEL, HELGA: Richtig wissenschaftlich schreiben. Wissenschaftssprache in Regeln und Übungen. Paderborn: Ferdinand Schöningh, 2010.

FISCHER, MARTIN: Schrift als Notation. In: KOCH, PETER/KRÄMER, SYBILLE (Hg.): Schrift, Medien, Kognition. über die Exteriorität des Geistes. Tübingen: Stauffenburg, 1997.

FUHRMANN, MANFRED: Die antike Rhetorik. Eine Einführung. Zürich: Artemis & Winkler, (4)1995.

GARBE, CHRISTINE/HOLLE, KARL/JESCH, TATJANA: Texte lesen. Texte lesen. Lesekompetenz – Textverstehen – Lesedidaktik – Lesesozialisation. Paderborn: Schöningh, (2)2010.

GOODY, JACK/WATT, IAN: Konsequenzen der Literalität. In: GOODY, JACK/WATT, IAN/GOUGH, KATHLEEN: Entstehung und Folgen der Schriftkultur. Friedhelm Herborth (Übers.). Frankfurt/Main: Suhrkamp, 1986.

GÖTTERT, KARL-HEINZ /JUNGEN, OLIVER: Einführung in die Stilistik. München: Wilhelm Fink, 2004.

GREENBLATT, STEPHEN: Shakespearean Negotiations. The Circulation of Social Energy in Renaissance England. Oxford: Clarendon Press, 1990.

GRUBE, GERNOT/KOGGE, WERNER: Was ist Schrift? In: GRUBE, GERNOT/KOGGE, WERNER/KRÄMER, SYBILLE (Hg.): Schrift. Kulturtechnik zwischen Augen, Hand und Maschine. München: Fink, 2005.

GRUBER, HELMUT u.a.: Wissenschaftliches Schreiben. Ein Praxisbuch für Studierende. Wien u.a.: Böhlau, 2009.

KRÄMER, SYBILLE: Sprache und Schrift oder: Ist Schrift verschriftete Sprache? In: Zeitschrift für Sprachwissenschaft, Organ der Deutschen Gesellschaft für Sprachwissenschaft. 15 (1/1996), S. 92–112.

KORNMEIER, MARTIN: Wissenschaftlich schreiben leicht gemacht. Für Bachelor, Master und Dissertation. Bern, Stuttgart, Wien: Haupt Verlag, (6)2013.

KRUSE, OTTO: Lesen und Schreiben. Der richtige Umgang mit Texten im Studium. Wien: Verlag Huter & Roth, 2010.

ROOS, MARKUS/LEUTWYLER, BRUNO: Wissenschaftliches Arbeiten im Lehramtsstudium. Recherchieren, schreiben, forschen. Bern: Huber, 2011.

SCHEUERMANN, ULRIKE: Schreibdenken. Schreiben als Denk- und Lernwerkzeug nutzen und vermitteln. Opladen, Toronto: Verlag Barbara Budrich, 2012.

STANITZEK, GEORG: „Texte, Paratexte, in Medien: Einleitung". In: KREIMEIER, KLAUS/STANITZEK, GEORG (Hg.): Paratexte in Literatur, Film, Fernsehen. Berlin: Akademie Verlag, 2004, S. 3–19.

UEDING, GERT/STEINBRINK, BERND: Grundriß der Rhetorik. Geschichte – Technik – Methode. Stuttgart, Weimar: Verlag J. B. Metzler, 1994.